Castles of Europe

Published by Tide-mark Press Ltd.

New Moon First Quarter Full Moon Last Quarter

To find out more about Tide-mark's other books and calendars, call 1-800-338-2508
or visit www.tidemarkpress.com.

Linderhof Castle, Bavaria, Germany
Leo de Wys/Sylvain Grandadam

Castle at Charles Bridge on Viltava River, Prague, Czechoslovakia
Leo de Wys/TPL/Masnikova

Castle Elz, west of Koblenz near Mosel River, Germany
Leo de Wys/Willy Ostgathe

The Alcazar, Segovia, Spain
Leo de Wys/Steve Vidler

Castle Stalker, Loch Linnhe, Scotland
Leo de Wys/Paul Gerda

Miramar Castle, Trieste, Italy
Leo de Wys/G. Barone

Mont. St. Michel, Normandy region, France
Leo de Wys/Charles Bowman

A castle among the vineyards, Tuscany, Italy
Leo de Wys/Sylvain Grandadam

Hillerod Castle, Frederiksborg, Denmark
Leo de Wys/Steve Vidler

Chateau Roche Courbon, Saintes, France
Leo de Wys/Fridmar Damm

Caerphilly Castle, Glamorgan, Wales
Leo de Wys/Steve Vidler

Schonberg Castle, Rhine River region, Germany
Leo de Wys/Robert Knight

Ducal Palace, Urbino, Italy
Leo de Wys/Steve Vidler

Lauriston Castle, Edinburgh, Scotland
Leo de Wys/Malcolm Fife

Hampton Court, London, England
Leo de Wys/Charles Bowman

La Rochepot Chateau, Beaune, France
Leo de Wys/Mike Busselle

Castle, Kalmar, Sweden
Leo de Wys/J. Messerschmidt

Edinburgh Castle, Edinburgh, Scotland
Leo de Wys/Fridmar Damm

Scarborough Castle ruins, Scarborough, England
Leo de Wys/Peter Baker

Beynac Castle, Dordogne region, France
Leo de Wys/Steve Vidler

Akerhus Fort, Oslo, Norway
Leo de Wys/Fridmar Damm

Almoural Castle, Abrantes, Portugal
Leo de Wys/Steve Vidler

Johnstown Castle, Wexford, Ireland
Leo de Wys/Karen McCunnall

Chambord Castle, Loire Valley, France
Leo de Wys/Steve Vidler

Bunratty Castle, County Clare, Ireland
Leo de Wys/Steve Vidler

Floors Castle, Roxburgh, Scotland
Leo de Wys/Jeanetta Baker

Eilean Donan Castle, Highlands, Scotland
Leo de Wys/Steve Vidler

Sunday
15

Monday
16

Tuesday
17

Wednesday
18

Thursday
19

Friday
20

Saturday
21

July

S	M	T	W	T	F	S
1	2	3	4	5	6	7
8	9	10	11	12	13	14
15	16	17	18	19	20	21
22	23	24	25	26	27	28
29	30	31				

July 2001

August

S	M	T	W	T	F	S
			1	2	3	4
5	6	7	8	9	10	11
12	13	14	15	16	17	18
19	20	21	22	23	24	25
26	27	28	29	30	31	

Sunday
22

Monday
23

Tuesday
24

Wednesday
25

Thursday
26

Friday
27

Saturday
28

July

S	M	T	W	T	F	S
1	2	3	4	5	6	7
8	9	10	11	12	13	14
15	16	17	18	19	20	21
22	23	24	25	26	27	28
29	30	31				

July 2001

August

S	M	T	W	T	F	S
			1	2	3	4
5	6	7	8	9	10	11
12	13	14	15	16	17	18
19	20	21	22	23	24	25
26	27	28	29	30	31	

Guildford Castle, Surrey, England
Leo de Wys/Steve Vilder

Cardiff Castle, Cardiff, Wales
Leo de Wys/Steve Vidler

Sunday
29

Monday
30

Tuesday
31

Wednesday
1

Thursday
2

Friday
3

Saturday
4

July

S	M	T	W	T	F	S
1	2	3	4	5	6	7
8	9	10	11	12	13	14
15	16	17	18	19	20	21
22	23	24	25	26	27	28
29	30	31				

July/August 2001

August

S	M	T	W	T	F	S
			1	2	3	4
5	6	7	8	9	10	11
12	13	14	15	16	17	18
19	20	21	22	23	24	25
26	27	28	29	30	31	

Sunday
5

Monday
6

Tuesday
7

Wednesday
8

Thursday
9

Friday
10

Saturday
11

August

S	M	T	W	T	F	S
			1	2	3	4
5	6	7	8	9	10	11
12	13	14	15	16	17	18
19	20	21	22	23	24	25
26	27	28	29	30	31	

August 2001

September

S	M	T	W	T	F	S
						1
2	3	4	5	6	7	8
9	10	11	12	13	14	15
16	17	18	19	20	21	22
23	24	25	26	27	28	29
30						

Rosenberg Castle, Copenhagen, Denmark
Leo de Wys/Steve Vidler

Windsor Castle, Berkshire, England
Leo de Wys/Steve Vidler

Sunday
12

Monday
13

Tuesday
14

Wednesday
15

Thursday
16

Friday
17

Saturday
18

August

S	M	T	W	T	F	S
			1	2	3	4
5	6	7	8	9	10	11
12	13	14	15	16	17	18
19	20	21	22	23	24	25
26	27	28	29	30	31	

August 2001

September

S	M	T	W	T	F	S
						1
2	3	4	5	6	7	8
9	10	11	12	13	14	15
16	17	18	19	20	21	22
23	24	25	26	27	28	29
30						

Sunday
19

Monday
20

Tuesday
21

Wednesday
22

Thursday
23

Friday
24

Saturday
25

August

S	M	T	W	T	F	S
			1	2	3	4
5	6	7	8	9	10	11
12	13	14	15	16	17	18
19	20	21	22	23	24	25
26	27	28	29	30	31	

August 2001

September

S	M	T	W	T	F	S
						1
2	3	4	5	6	7	8
9	10	11	12	13	14	15
16	17	18	19	20	21	22
23	24	25	26	27	28	29
30						

Carcasonne Castle, Carcasonne, France
Leo de Wys/Steve Vidler

Scotney Castle, Kent, England
Leo de Wys/Charles Graham

Sunday
26

Monday
27

Late Summer Holiday (U.K. ex. Scotland)

Tuesday
28

Wednesday
29

Thursday
30

Friday
31

Saturday
1

August

S	M	T	W	T	F	S
			1	2	3	4
5	6	7	8	9	10	11
12	13	14	15	16	17	18
19	20	21	22	23	24	25
26	27	28	29	30	31	

August/ September 2001

September

S	M	T	W	T	F	S
						1
2	3	4	5	6	7	8
9	10	11	12	13	14	15
16	17	18	19	20	21	22
23	24	25	26	27	28	29
30						

Sunday
2

Monday
3

Labor Day

Tuesday
4

Wednesday
5

Thursday
6

Friday
7

Saturday
8

September

S	M	T	W	T	F	S
						1
2	3	4	5	6	7	8
9	10	11	12	13	14	15
16	17	18	19	20	21	22
23	24	25	26	27	28	29
30						

September 2001

October

S	M	T	W	T	F	S
	1	2	3	4	5	6
7	8	9	10	11	12	13
14	15	16	17	18	19	20
21	22	23	24	25	26	27
28	29	30	31			

Carisbrooke Castle, Isle of Wight, England
Leo de Wys/Steve Vidler

Kidwelly Castle ruins, Dyfed, Wales
Leo de Wys/Peter Baker

Sunday
9

Monday
10

Tuesday
11

Wednesday
12

Thursday
13

Friday
14

Saturday
15

September
2001

September

S	M	T	W	T	F	S
						1
2	3	4	5	6	7	8
9	10	11	12	13	14	15
16	17	18	19	20	21	22
23	24	25	26	27	28	29
30						

October

S	M	T	W	T	F	S
	1	2	3	4	5	6
7	8	9	10	11	12	13
14	15	16	17	18	19	20
21	22	23	24	25	26	27
28	29	30	31			

Sunday
16

Monday
17

U.S. Constitution adopted, 1787
Rosh Hashanah begins at sunset, Hebrew year 5762

Tuesday
18

Wednesday
19

Thursday
20

Friday
21

Saturday
22

Fall Equinox, 7:05 pm EDT

September

S	M	T	W	T	F	S
						1
2	3	4	5	6	7	8
9	10	11	12	13	14	15
16	17	18	19	20	21	22
23	24	25	26	27	28	29
30						

September 2001

October

S	M	T	W	T	F	S
	1	2	3	4	5	6
7	8	9	10	11	12	13
14	15	16	17	18	19	20
21	22	23	24	25	26	27
28	29	30	31			

Cochem Castle, Mosel Valley, Germany
Leo de Wys/Steve Vidler

Amberley Castle, West Sussex, England
Leo de Wys/Arthur Hustwitt

Sunday
23

Monday
24

Tuesday
25

Wednesday
26

Yom Kippur begins at sunset

Thursday
27

Friday
28

Saturday
29

September

S	M	T	W	T	F	S
						1
2	3	4	5	6	7	8
9	10	11	12	13	14	15
16	17	18	19	20	21	22
23	24	25	26	27	28	29
30						

September 2001

October

S	M	T	W	T	F	S
	1	2	3	4	5	6
7	8	9	10	11	12	13
14	15	16	17	18	19	20
21	22	23	24	25	26	27
28	29	30	31			

Sunday
30

Monday
1

Sukkot begins at sunset

Tuesday
2

Wednesday
3

Thursday
4

Friday
5

Saturday
6

September

S	M	T	W	T	F	S
						1
2	3	4	5	6	7	8
9	10	11	12	13	14	15
16	17	18	19	20	21	22
23	24	25	26	27	28	29
30						

September/ October 2001

October

S	M	T	W	T	F	S
	1	2	3	4	5	6
7	8	9	10	11	12	13
14	15	16	17	18	19	20
21	22	23	24	25	26	27
28	29	30	31			

Inverness Castle, Inverness, Scotland
Leo de Wys/Steve Vidler

Tattershall Castle, Lancashire, England
Leo de Wys/John Miller

Sunday
7

Monday
8

Columbus Day
Thanksgiving Day (Canada)

Tuesday
9

PM Yes w/ Help

Wednesday
10

Yes.–

Thursday
11

Yes 9:30 PM

Friday
12

Yes 10:00PM – [illegible]

Saturday
13

October

S	M	T	W	T	F	S
	1	2	3	4	5	6
7	8	9	10	11	12	13
14	15	16	17	18	19	20
21	22	23	24	25	26	27
28	29	30	31			

October 2001

November

S	M	T	W	T	F	S
				1	2	3
4	5	6	7	8	9	10
11	12	13	14	15	16	17
18	19	20	21	22	23	24
25	26	27	28	29	30	

Sunday
14

Monday
15

Tuesday
16

Wednesday
17

Thursday
18

Friday
19

Saturday
20

October

S	M	T	W	T	F	S
	1	2	3	4	5	6
7	8	9	10	11	12	13
14	15	16	17	18	19	20
21	22	23	24	25	26	27
28	29	30	31			

October 2001

November

S	M	T	W	T	F	S
				1	2	3
4	5	6	7	8	9	10
11	12	13	14	15	16	17
18	19	20	21	22	23	24
25	26	27	28	29	30	

Corfe Castle, Dorset, England
Leo de Wys/Rita Bailey

Craigievar Castle, Alford, Aberdeenshire, Scotland
Leo de Wys/Fridmar Damm

Sunday
21

Monday
22

Tuesday
23

Wednesday
24

Thursday
25

Friday
26

Saturday
27

October

S	M	T	W	T	F	S
	1	2	3	4	5	6
7	8	9	10	11	12	13
14	15	16	17	18	19	20
21	22	23	24	25	26	27
28	29	30	31			

October 2001

November

S	M	T	W	T	F	S
				1	2	3
4	5	6	7	8	9	10
11	12	13	14	15	16	17
18	19	20	21	22	23	24
25	26	27	28	29	30	

Sunday
28
Daylight Saving Time ends

Monday
29

Tuesday
30

Wednesday
31

Halloween

Thursday
1

Friday
2

Saturday
3

October

S	M	T	W	T	F	S
	1	2	3	4	5	6
7	8	9	10	11	12	13
14	15	16	17	18	19	20
21	22	23	24	25	26	27
28	29	30	31			

October/ November 2001

November

S	M	T	W	T	F	S
				1	2	3
4	5	6	7	8	9	10
11	12	13	14	15	16	17
18	19	20	21	22	23	24
25	26	27	28	29	30	

Lavolites Castle, Haut Loire region, France
Leo de Wys/Steve Vidler

Blarney Castle, County Cork, Ireland
Leo de Wys/Steve Vidler

Sunday
4

Monday
5

Tuesday
6

Election Day

Wednesday
7

Thursday
8

Friday
9

Saturday
10

November

S	M	T	W	T	F	S
				1	2	3
4	5	6	7	8	9	10
11	12	13	14	15	16	17
18	19	20	21	22	23	24
25	26	27	28	29	30	

November 2001

December

S	M	T	W	T	F	S
						1
2	3	4	5	6	7	8
9	10	11	12	13	14	15
16	17	18	19	20	21	22
23	24	25	26	27	28	29
30	31					

Sunday
11
Veterans' Day Remembrance Day (Canada)

Monday
12

Tuesday
13

Wednesday
14

Thursday
15

Friday
16

Saturday
17

November

S	M	T	W	T	F	S
				1	2	3
4	5	6	7	8	9	10
11	12	13	14	15	16	17
18	19	20	21	22	23	24
25	26	27	28	29	30	

November 2001

December

S	M	T	W	T	F	S
						1
2	3	4	5	6	7	8
9	10	11	12	13	14	15
16	17	18	19	20	21	22
23	24	25	26	27	28	29
30	31					

Klink Castle (now a hotel), Muritzsee, Germany
Leo de Wys/J. Aberham

Sirmione Castle, Lake Garda, Italy
Leo de Wys/Steve Vidler

Sunday
18

Monday
19

Tuesday
20

Wednesday
21

Thursday
22

Thanksgiving Day

Friday
23

Saturday
24

November

S	M	T	W	T	F	S
				1	2	3
4	5	6	7	8	9	10
11	12	13	14	15	16	17
18	19	20	21	22	23	24
25	26	27	28	29	30	

November 2001

December

S	M	T	W	T	F	S
						1
2	3	4	5	6	7	8
9	10	11	12	13	14	15
16	17	18	19	20	21	22
23	24	25	26	27	28	29
30	31					

Sunday
25

Monday
26

Tuesday
27

Wednesday
28

Thursday
29

Friday
30

Saturday
1

November

S	M	T	W	T	F	S
				1	2	3
4	5	6	7	8	9	10
11	12	13	14	15	16	17
18	19	20	21	22	23	24
25	26	27	28	29	30	

November/ December 2001

December

S	M	T	W	T	F	S
						1
2	3	4	5	6	7	8
9	10	11	12	13	14	15
16	17	18	19	20	21	22
23	24	25	26	27	28	29
30	31					

Alhambra, Granada, Spain
Leo de Wys/Fridmar Damm

Saumur Castle, Saumur, France
Leo de Wys/Steve Vidler

Sunday
2

Monday
3

Tuesday
4

Wednesday
5

Thursday
6

Friday
7

Pearl Harbor Day

Saturday
8

December

S	M	T	W	T	F	S
						1
2	3	4	5	6	7	8
9	10	11	12	13	14	15
16	17	18	19	20	21	22
23	24	25	26	27	28	29
30	31					

December 2001

January 2002

S	M	T	W	T	F	S
		1	2	3	4	5
6	7	8	9	10	11	12
13	14	15	16	17	18	19
20	21	22	23	24	25	26
27	28	29	30	31		

Sunday
9
Chanukah begins at sunset

Monday
10

Tuesday
11

Wednesday
12

Thursday
13

Friday
14

Saturday
15

December

S	M	T	W	T	F	S
						1
2	3	4	5	6	7	8
9	10	11	12	13	14	15
16	17	18	19	20	21	22
23	24	25	26	27	28	29
30	31					

December 2001

January 2002

S	M	T	W	T	F	S
		1	2	3	4	5
6	7	8	9	10	11	12
13	14	15	16	17	18	19
20	21	22	23	24	25	26
27	28	29	30	31		

Bamburgh Castle, Northumbria, England
Leo de Wys/Charles Bowman

Chateau de Chillon, Montreau, Switzerland
Leo de Wys/Simon Harris

Sunday
16

Monday
17

Tuesday
18

Wednesday
19

Thursday
20

Friday
21

Winter Solstice, 2:22 pm EST

Saturday
22

December

S	M	T	W	T	F	S
						1
2	3	4	5	6	7	8
9	10	11	12	13	14	15
16	17	18	19	20	21	22
23	24	25	26	27	28	29
30	31					

December 2001

January 2002

S	M	T	W	T	F	S
		1	2	3	4	5
6	7	8	9	10	11	12
13	14	15	16	17	18	19
20	21	22	23	24	25	26
27	28	29	30	31		

Sunday
23

Monday
24

Tuesday
25

Christmas Day

Wednesday
26

Boxing Day (Canada, U.K.)
Kwanzaa

Thursday
27

Friday
28

Saturday
29

December

S	M	T	W	T	F	S
						1
2	3	4	5	6	7	8
9	10	11	12	13	14	15
16	17	18	19	20	21	22
23	24	25	26	27	28	29
30	31					

December 2001

January 2002

S	M	T	W	T	F	S
		1	2	3	4	5
6	7	8	9	10	11	12
13	14	15	16	17	18	19
20	21	22	23	24	25	26
27	28	29	30	31		

Bodiam Castle, Sussex, England
Leo de Wys/Dave & Les Jacobs

Neuschwanstein, Bavaria
Leo de Wys/TPL/IFA

Sunday
30

Monday
31

Tuesday
1

Wednesday
2

Thursday
3

Friday
4

Saturday
5

December 2001/ January 2002

December

S	M	T	W	T	F	S
						1
2	3	4	5	6	7	8
9	10	11	12	13	14	15
16	17	18	19	20	21	22
23	24	25	26	27	28	29
30	31					

January 2002

S	M	T	W	T	F	S
		1	2	3	4	5
6	7	8	9	10	11	12
13	14	15	16	17	18	19
20	21	22	23	24	25	26
27	28	29	30	31		

Index

December 2000

S	M	T	W	T	F	S
					1	2
3	4	5	6	7	8	9
10	11	12	13	14	15	16
17	18	19	20	21	22	23
24	25	26	27	28	29	30
31						

January

S	M	T	W	T	F	S
	1	2	3	4	5	6
7	8	9	10	11	12	13
14	15	16	17	18	19	20
21	22	23	24	25	26	27
28	29	30	31			

February

S	M	T	W	T	F	S
				1	2	3
4	5	6	7	8	9	10
11	12	13	14	15	16	17
18	19	20	21	22	23	24
25	26	27	28			

March

S	M	T	W	T	F	S
				1	2	3
4	5	6	7	8	9	10
11	12	13	14	15	16	17
18	19	20	21	22	23	24
25	26	27	28	29	30	31

April

S	M	T	W	T	F	S
1	2	3	4	5	6	7
8	9	10	11	12	13	14
15	16	17	18	19	20	21
22	23	24	25	26	27	28
29	30					

May

S	M	T	W	T	F	S
		1	2	3	4	5
6	7	8	9	10	11	12
13	14	15	16	17	18	19
20	21	22	23	24	25	26
27	28	29	30	31		

June

S	M	T	W	T	F	S
					1	2
3	4	5	6	7	8	9
10	11	12	13	14	15	16
17	18	19	20	21	22	23
24	25	26	27	28	29	30

July

S	M	T	W	T	F	S
1	2	3	4	5	6	7
8	9	10	11	12	13	14
15	16	17	18	19	20	21
22	23	24	25	26	27	28
29	30	31				

August

S	M	T	W	T	F	S
			1	2	3	4
5	6	7	8	9	10	11
12	13	14	15	16	17	18
19	20	21	22	23	24	25
26	27	28	29	30	31	

September

S	M	T	W	T	F	S
						1
2	3	4	5	6	7	8
9	10	11	12	13	14	15
16	17	18	19	20	21	22
23	24	25	26	27	28	29
30						

October

S	M	T	W	T	F	S
	1	2	3	4	5	6
7	8	9	10	11	12	13
14	15	16	17	18	19	20
21	22	23	24	25	26	27
28	29	30	31			

November

S	M	T	W	T	F	S
				1	2	3
4	5	6	7	8	9	10
11	12	13	14	15	16	17
18	19	20	21	22	23	24
25	26	27	28	29	30	

December

S	M	T	W	T	F	S
						1
2	3	4	5	6	7	8
9	10	11	12	13	14	15
16	17	18	19	20	21	22
23	24	25	26	27	28	29
30	31					

January 2002

S	M	T	W	T	F	S
		1	2	3	4	5
6	7	8	9	10	11	12
13	14	15	16	17	18	19
20	21	22	23	24	25	26
27	28	29	30	31		